MW01634908

www.casterman.com

ISBN 2-203-18304-7

Dépôt légal juin 2006 ; D.2006/0053/246.
Déposé au ministère de la Justice, Paris (loi n°49.956 du 16 juillet 1949 sur les publications destinées à la jeunesse).

Imprimé en Malaisie.

Les blagues de PUCCA

– Bonjour, madame, vous servez des nouilles ?

– Bien sûr, nous servons tout le monde !

- Comment va ton ami parachutiste ?

- Je l'ai laissé tomber !

OH, LA BELLE CHÈVRE !

Envoie une lettre (tapée à l'ordinateur) à un ami en lui annonçant qu'il a gagné une chèvre lors d'un tirage au sort organisé par le Salon de l'agriculture.

– Peux-tu conjuguer le verbe savoir à tous les temps ?
– Oui : je sais qu'il pleut, je sais qu'il neige, je sais qu'il fait beau.

– Tu veux que je te raconte une histoire courte ?
– Oh oui !
– Tu en veux une autre ?

- Vous n'avez pas de pain ?
- Non, mais on a des baguettes !

LA CLÉ DES CHAMPS

Rajoute une vieille clé au trousseau de clés de tes parents. Ils vont se poser des questions... sur ce que cette clé est censée ouvrir !

MÊME PAS VRAI !

Sur le pare-brise de la voiture de tes parents, laisse un petit mot sur lequel tu as noté :

"Je suis désolé d'avoir rayé votre voiture. Appelez-moi au ..... (et mets un faux numéro)."

Sûr que la voiture va être bien inspectée !!!

– Dis, Pucca, il y avait deux plats de nouilles dans le frigo. Peux-tu me dire pourquoi il n'en reste qu'un ?

– Parce que je n'avais pas vu qu'il y en avait deux !

– Garu, qu’est-ce qui est le plus loin, l’Amérique ou la Lune ?
– L’Amérique.
– Pourquoi ?
– La Lune, on peut la voir ; l’Amérique, on ne peut pas.

Un crocodile croise un chien.
Il lui lance :
– Sac à puces !
– Sac à main ! lui répond le chien.

– Pourquoi Charlemagne a-t-il inventé l’école ?

– Parce qu’il était trop vieux pour y aller.

BIEN ATTRAPÉ !

**Prends une boîte et marque "haut" et "bas" dessus.
Pose-la à l'envers dans un endroit bien en vue.
Colle une étiquette qui apparaîtra quand la personne la retournera (pour la remettre à l'endroit).
Sur cette étiquette, tu auras écrit : "Ce n'est pas grave, je suis vide !"**

FROM PUCCA
TO GARU
FUNNY LOVE
puccaclub.com

– Tu me prêteras ta luge, Pucca ?

– Bien sûr, Garu, je la prends pour descendre et je te la laisse pour remonter !

– Garu, tu sais ce que font les chats quand ils veulent passer inaperçus ?
– Non. Que font-ils ?
– Ils mettent des lunettes noires.
– Mais je n'ai jamais vu de chat avec des lunettes !
– Justement, c'est parce que, ainsi, tu ne les remarques pas.

C'EST DU PROPRE !

Enrobe la savonnette de la salle de bains de film transparent que l'on utilise pour conserver les aliments.

DRÔLE DE GOÛT !

Remplis la salière de sucre en poudre, et le sucrier de sel !

Deux arbres discutent dans la forêt.

– Moi, j'ai un cousin sapin, dit l'un. Il ne fait rien de toute l'année. Mais à Noël, il travaille tellement qu'il est couvert d'ampoules.

– **Bonnes vacances, Garu, écris-moi sans faute !**

– Oh, tu sais, moi, l'orthographe…

GRAIN DE SEL

Mets du sel sur
une brosse à dents.

1er AVRIL !

Avance le réveil de
tes parents d'une heure.
Soit ils s'en rendront
compte en écoutant
la radio, soit ils arriveront
bien à l'heure au boulot !

DOUTEUX

Remplace le savon
du distributeur de savon
liquide par de l'huile.

SURPRISE !

Annonce un mardi soir à tes parents que tu as invité tous tes petits camarades de classe à venir goûter et jouer chez toi le lendemain mercredi.

Deux anges sont dans le ciel.
L'un d'eux demande :
- Sais-tu quel temps ils prévoient pour demain ?
- Nuageux.
- Chic, on va enfin pouvoir s'asseoir !

**Un banc de petits poissons avance au fond de l'eau.
Une étoile de mer s'approche.
– Attention, crie l'un deux, voilà le shérif !**

DE TOUT PETITS PIEDS !

Place deux petits morceaux de coton au bout des chaussures de la personne à qui tu veux faire une farce.

Effet garanti : elle aura l'impression que ses chaussures ont rétréci.

OMELETTE ?

Remplace deux œufs frais du frigo par deux œufs durs (à cuire 10-15 minutes dans l'eau frémissante).

Le premier qui voudra se faire des œufs sur le plat ou une omelette sera bien surpris.

PAS TRÈS FRAIS

Prends un yaourt nature, soulève délicatement le couvercle et verse un peu de sirop de menthe bien vert ou un peu de vermicelles en chocolat. Recolle le couvercle.

Bon appétit à celui qui l'ouvrira !

– Garu, tu as changé l'eau du poisson rouge ?

– Non, il n'avait pas tout bu.

– Pucca, il paraît que les baleines mangent des sardines.
– Et alors ?
– Comment font-elles pour ouvrir les boîtes ?

– Garu, quelle heure est-il ?
– Je ne sais pas, cela change tout le temps.

– Je voudrais un livre de cuisine.
– De quel auteur ?
– Oh, une vingtaine de centimètres...

BEURK

Règle ton réveil à 6 heures du matin pour aller mettre du dentifrice sur la poignée de la salle de bains pendant que tout le monde dort encore.

Drôle d'impression pour le premier qui, encore tout ensommeillé, voudra ouvrir la porte.

PLUIE ENCHANTÉE

Remplis un parapluie de confettis.

Quand il s'ouvrira, une nuée colorée tombera sur son propriétaire.

– Tu crois que la Lune est habitée ?

– Bien sûr, puisqu'elle est allumée tous les soirs.

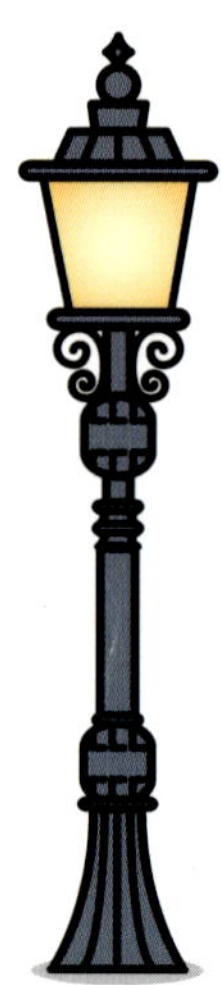

Hier, c'est le passé.
Demain, c'est le futur.

Et aujourd'hui, c'est un cadeau,
puisqu'on l'appelle le présent !

Boum !

Attache un ballon de baudruche bien gonflé à une poignée de porte et, à l'aide de ruban adhésif double face, place à la bonne hauteur une punaise (pointe vers l'extérieur) sur le mur qui est derrière.

Quand quelqu'un ouvrira la porte, le ballon ira rencontrer la punaise et éclatera !

LOVE